LEA AUBERT

HOROSKOP DER LIEBE

STERNZEICHEN

WAAGE

Ausgabe 2014
Umschlaggestaltung: Allen Lee
Titelabbildungen: aus Bildern von dreamstime.com
Herstellung und Verlag: Books on Demand GmbH, Norderstedt
Printed in Germany

ISBN 9783839130926

Kein Teil dieses Buches darf ohne ausdrückliche Genehmigung des Autors in irgendeiner
Form reproduziert oder unter Verwendung elektronischer Systeme verarbeitet, vervielfäl-
tigt oder verbreitet werden.

Inhalt

Das Sternbild der Waage

Libra

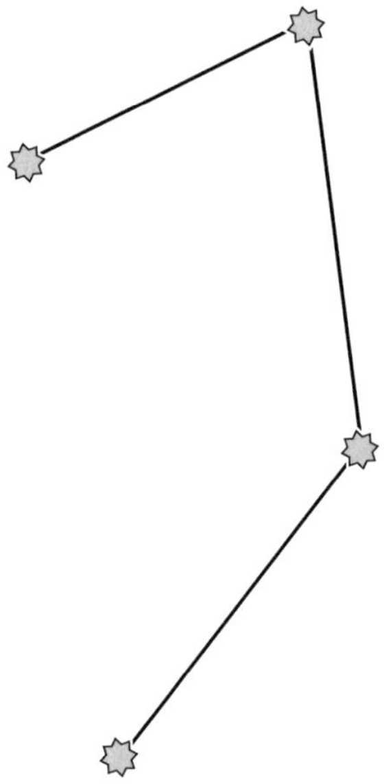

Die Sage der Waage

Schon die Sumerer bezeichneten das Sternbild der Waage bereits als „Waage des Himmels".

Vermutungen ranken sich um diese Bezeichnung. Eine Vermutung basiert auf der Annahme, dass die Steuereintreiber damals die geforderten Getreidemengen der Bauern mit Balkenwaagen abgemessen hätten. In dieser Zeit, vor ca. 4.000 Jahren, stand die Sonne in der Waage – das war die Zeit der Tagundnachtgleiche.

Teilweise wurden früher die Sterne der Waage dem Skorpion zugesprochen. Die antiken Griechen und auch die arabischen Astronomen sahen in ihnen die mächtigen Scheren des Tieres am Sternenhimmel.

Die Römer waren es, die den Namen „Waage" einführten, der uns auch heute noch geläufig ist. Das Sternbild hatte für sie die Bedeutung der Gerechtigkeit. Auch heute finden wir das Sinnbild der Waage deshalb an Gerichtsgebäuden. Die Waage ist zudem das Symbol vieler juristischer Berufe und Institutionen.

Die Waage-Frau

Die Waage-Frau ist sehr vielseitig – vielseitig in ihren Stimmungen, in ihrem Auftreten und in der Auswahl ihrer Freunde und Liebespartner. Sie liebt es, Abwechslung in ihr Leben zu bringen. Das lässt manchmal den Eindruck entstehen, man hätte es mit einem sehr flatterhaften Charakter zu tun. Das Gegenteil ist der Fall. Denn im Sternzeichen der Waage geborene Frauen ändern ihre Vorlieben nicht unüberlegt. Wer ihnen das vorwirft, tut ihnen unrecht. Sie suchen Abwechslung auf allen Gebieten, um für sich möglichst viele Eindrücke und Erfahrungen zu sammeln.

Ist es in eine Beziehung langweilig geworden und der routinierte Alltag hat sich eingestellt, wird eine Waage-Frau noch vor ihrem Partner an der Beständigkeit der Verbindung zweifeln. Sie hadert dann mit jeder Kleinigkeit und bauscht sie auf überdimensionale Größe auf. Ein Partner einer Waage-Frau sollte sich im Klaren darüber sein, dass er eine Partnerin hat, die höchste Ansprüche an ihn stellt. Hat er für ihre Eroberung alle Register gezogen, sollte er sich nie einbilden, sich auf die faule Haut legen zu können. Wer länger mit einer Waage-Frau zusammen lebt, wird sich ohnehin ihrer sprunghaften Unternehmungslust fügen müssen, um selbst glücklich zu werden. Waage-Frauen werden sich nur ungern einsperren oder in ihren Freiheiten beschneiden lassen. Sie lieben die Freiheit und suchen Partner, die dieses Sinnbild verkörpern. Das können Abenteurer, Künstler oder Schriftsteller sein. Der Beruf und die damit verbundene Kreativität des Auserwählten sind ihr wichtig. Denn diese Basis verspricht ein Leben, das nie langweilig wird.

Dabei ist die Waage höchst ordnungsliebend und man täuscht sich gewaltig, wenn man glaubt, dass sie zu Hause alles stehen und liegen lässt, nur weil sie einen chaotischen Künstler zum Partner hat. Sie legt sehr viel Wert auf ihr Erscheinungsbild und ihr Zuhause.

Sie arbeitet stetig an ihrem Charakter und an ihrem Körper, mit dem sie nie ganz zufrieden ist. Mal ist ein wenig Speck an der falschen Stelle, mal findet sie sich zu blass. Sie verbringt sehr viel Zeit damit, sich selbst zurechtzumachen und sich in eine wundervolle Erscheinung zu verwandeln. Dann genießt sie die Bewunderung, die ihr entgegengebracht wird.

Nicht selten ist ihr weiblicher Freundeskreis ein wenig neidisch auf sie. Denn wenn sie mit ihren Freundinnen ausgeht, ist es meist sie, die die Blicke auf sich zieht und ein Gespräch mit einem interessanten Menschen beginnt.

Obwohl sie gerne flirtet und so ihre Attraktivität testet, erwartet sie von ihrem Partner absolute Treue. Sie kann es selten ertragen, wenn er sich länger mit einer anderen Frau beschäftigt. Dann spielt sie gerne die Schmollende und geht Zärtlichkeiten so lange aus dem Weg, bis sie sich wieder beruhigt hat und sicher ist, dass sie bei ihm immer noch die wichtigste Stelle im Herzen einnimmt.

Im Job ist sie perfekt. Und damit ist nicht nur ihre Qualifikation gemeint. Alles, was sie anpackt, bringt sie in Perfektion zu Ende und kann hierbei auch regelrecht lästig werden. Ihr Chef schätzt ihren Arbeitseifer. Wenn er sie darum bittet, nimmt sie sich auch Arbeit nach Hause und erledigt diese am Wochenende. Durch diesen Ehrgeiz wird sie ab und zu auch von Vorgesetzten ausgenutzt, die sich dann selbst eine Pause gönnen.

Waage-Frauen besitzen aber genug Selbstbewusstsein, sich zu verteidigen, wenn jemand sich mit ihren Leistungen schmücken will. Das macht sie zu einer kampfbereiten Kollegin, die man nicht unterschätzen sollte.

Ihr verdientes Geld gibt sie für die schönen und repräsentativen Dinge des Lebens aus. Sie kleidet sich gut und würde an sich selbst nicht sparen. Selten nimmt sie Sonderangebote wahr. Gefällt sie sich in einem neuen Stück, kauft sie es, ohne viel über den Preis nachzudenken. Ihr Erscheinungsbild ist ihr immer

sehr wichtig. Und wer ihre Gunst erkaufen will, schenkt ihr ein schönes Accessoire.

Da sie ihrem Beruf viel Zeit und Arbeitskraft opfert, lebt sie ihre Freizeit meist exklusiv aus. So gönnt sie sich Wellness-Urlaub oder einen interessanten Städtetrip. So erfrischt sie ihren Geist und Körper.

Da sie zu den aktiven Persönlichkeiten gehört, liebt sie Männer, die spontan und unternehmungslustig sind. Langweiler lehnt sie von vornherein ab. Denn ihre Lebenszeit ist ihr dafür zu schade. Je mehr sie in einer Beziehung erleben kann, desto besser.

Waage-Frauen besitzen ein ausgeprägtes Gerechtigkeitsgefühl. Selten sind sie es, die den Mund halten, wenn sie bemerken, dass jemand ungerecht behandelt wird. Begeben sie sich persönlich in Streitereien, gehen sie gewöhnlich als Sieger daraus hervor. Sie nutzen dazu alle zur Verfügung stehenden Mittel.

Die Argumentation einer Waage-Frau ist ausgefeilt und bei ihren Gegnern gefürchtet. Ohne große Umschweife kommt sie auf den Punkt und legt den Finger in die Wunde. So kann mit ihrer Hilfe viel Unrecht gemildert werden. Oft engagieren sich Waage-Frauen in sozialen Institutionen. Die ihnen dann entgegengebrachte Dankbarkeit ist ihnen wichtiger als jeder materielle Besitz.

Erotische Vorlieben der Waage-Frau

Waagen lieben es, immer wieder von ihrem Partner wie beim ersten Date verführt zu werden. Vor dem eigentlichen Sex kann es ihr nicht lange genug dauern. Dabei genießt sie es, wenn der Mann sie vorsichtig entblättert und sie dann erst unendlich lange massiert und streichelt. Sie kann dabei sogar einschlafen. Verwendet er wohlriechende Öle, genießt sie das glatte Gefühl auf der Haut, das ihr viel Erregung verschafft. Nicht selten lässt sie sich auf diese Art auch gerne nur durch die Berührungen mit den Händen zum Höhepunkt bringen. Und es zählt zu den schönsten Augenblicken für ihren Partner, sie in einem solchen losgelösten Augenblick, beobachten zu dürfen.

Ihrem Partner schenkt sie ebenso viele Zärtlichkeiten. Dabei greift sie auch auf ihre oralen Fertigkeiten zurück, die sie meisterhaft beherrscht. Mit ihren Küssen kann sie einen Mann in den Wahnsinn treiben und jegliche sexuelle Energie in ihm freisetzen.

Sie genießt den Anblick ihres Körpers und beobachtet sich selbst gerne beim Sex. Ein Spiegel im Schlafzimmer oder eine Videoaufnahme ihres eigenen Liebesspiels kann sie sehr erregen. Sie liebt es, gleichermaßen visuell stimuliert zu werden. Das macht sie zur idealen Liebespartnerin eines Mannes, der ebenso meist auf visuelle Reize reagiert.

Will sie einen schüchternen Mann verführen, spielt sie alle ihre Reize aus. Selten wird ein Mann ihr widerstehen können, wenn sie es wirklich auf ihn abgesehen hat. Dabei kann sie sich auf so erotische Art ausziehen, dass ihr Auserwählter Schwierigkeiten bekommen wird, nicht zu früh zum Höhepunkt zu gelangen. In diesem Fall sollte sie sich mit Berührungen etwas zurückhalten, da sonst der Abend schneller vorbei sein könnte, als sie sich gewünscht hat.

Der Waage-Mann

Der Waage-Mann hat ein ausgeprägtes Gerechtigkeitsgefühl, das in seinem Freundeskreis geschätzt wird. In seiner Person finden seine Freunde einen Menschen, der ihnen immer aus der Patsche helfen wird. Ein Waage-Mann hat ein sensibles Gespür dafür, ob jemand ungerecht behandelt wird. Und er ist der erste, der seine Stimme erhebt und Konflikte unparteiisch löst. Selten wird er sich vor den Karren einer Partei spannen lassen. Dazu hat er einen zu hohen Unabhängigkeitsanspruch an sich selbst.

Der Waage-Mann vertraut auf seine Intuition. Vor einer wichtigen Entscheidung wälzt er keine dicken Akten sondern vertraut auf sein Bauchgefühl. Hier liegt er meist richtig. Er zieht einen Vorteil aus einer seiner wichtigsten Fähigkeiten: seine Menschenkenntnis. Diese erlaubt ihm, meist schon nach den ersten Minuten einen Menschen richtig einzuschätzen. Schauspielerei und falsches Gerede erkennt er sofort. Er ist kein geborener Smalltalker. Führt er ein Gespräch, hat es meist Substanz.

In seinem Inneren liebt er die Harmonie. Ein Leben, das hauptsächlich aus Wechselbädern der Gefühle besteht, bereitet ihm ungesunden Stress. Er arbeitet dann stetig und mit eisernem Willen an einer Verbesserung der Situation.

Mit seiner Partnerin lebt er gewöhnlich ohne Streitereien zusammen. Er kann zwischen schlechten Launen und wirklichen Problemen unterscheiden. So kommt es selten zu einem großen Konflikt. Sollten doch einmal schwarze Gewitterwolken aufziehen, ist er der erste, der einen Kompromiss sucht. Dabei geht er lösungsorientiert vor und kann auch eigene Fehler eingestehen und sich dafür entschuldigen. Frauen schätzen diese Eigenschaften ganz besondern, da er ihre Meinung ernst nimmt und mit ihnen zusammen einen Ausweg sucht.

Der Waage-Mann ist Ästhet. Er mag es nicht derb. Kitsch und Verschnörkeltes mag er nicht besonders. Er wird meist eine klare

Linie vorziehen. Er interessiert sich fast immer für Kunst und Kultur. Auf diesen Gebieten kann er zu einem Experten werden. Man sei jedoch davor gewarnt, mit ihm über Kunst zu diskutieren. Sein Wissen ist fundierter, als es den Anschein macht.

Da er im Innersten jeden Konflikt meidet, lässt er sich von Wutausbrüchen seiner Partnerin stark beeindrucken. Er selbst neigt weniger zu dieser Form der Emotion. Ein solches Verhalten würde für ihn einen Gesichtsverlust bedeuten.

Der Waage-Mann ist kein Gigolo. Hat er den Entschluss gefasst, zu heiraten, ist er sein Leben lang treu. Auch hier vertraut er seinem Bauchgefühl, das ihn zur richtigen Partnerin geführt hat. Hat er Kinder, ist er ein gerechter Erzieher, der nie für ein Kind Partei ergreift. Er hört meist alle Seiten an, bevor er sein mildes Urteil fällt. Obwohl er sich durchsetzen kann und manchmal ein Machtwort spricht, wird er manchmal mehr als andere Erwachsene von Kindern respektiert.

Vor seiner Ehe neigt er dazu, sich richtig die Hörner abzustoßen. Allerdings neigt er nicht zum Fremdgehen. Hier zeigt sich einmal mehr sein prinzipientreuer Charakter, der ihm nicht erlaubt, eine Affäre anzufangen, wenn eine alte Beziehung noch nicht beendet ist. Eine Frau wird große Mühe dabei haben, ihn einer Konkurrentin abzujagen, die im Moment gerade mit ihm eine Beziehung führt.

Der in der Waage geborene Mann mag Komplimente. Er hält viel von seinen Leistungen, mögen sie auch einmal unbedeutend sein. Eine Frau, die ihm immer beteuert, dass er das richtige tut, wird er lange lieben. In dieser Hinsicht ist er ein durchschaubarer und leicht zu verführender Charakter, der auch einmal eine gespielte Schmeichelei annimmt. Denn obwohl er das Spiel eigentlich durchschauen müsste, will er das Lob aufgrund einer gewissen Eitelkeit gerne hören.

Sport gehört nicht zu seinen Lieblingsbeschäftigungen. Gebiete, in denen er Höchstleistung vollbringt, gehören eindeutig eher zu

den geistigen. Hier kann er an Formulierungen feilen oder sich Argumente aus Büchern zusammensuchen. Sein Gedächtnis ist gewöhnlich sehr gut. So kann er sich Zitate und Witze gut merken. Hier und da streut er an den richtigen Stellen geistreiche Bemerkungen ein und sorgt immer für eine lebhafte Stimmung. Seine offene Art erlaubt es ihm zudem, auch zu unbekannten Personen schnell Kontakt zu knüpfen.

Aus diesem Grund hat er sehr viele Freunde. Er kann dabei aber gut unterscheiden, auf wen im Ernstfall wirklich Verlass ist. Oft pflegt er diese Freundschaften sein Leben lang und hält selbst zu Freunden Kontakt, die er schon im Kindergartenalter kennen gelernt hat.

Auf dem Grund seines Herzens ist er ein Optimist, dem nichts so schnell die Laune verderben kann. In Krisensituationen ist er einer der ersten, die durch Aktivität der schädlichen Lethargie ein Ende setzen. Seine Lebensfreude reißt viele Menschen mit. Sie sind dann von ihm begeistert und fangen damit an, ihr Leben aktiver zu gestalten.

Erotische Vorlieben des Waage-Mannes

Der Waage-Mann ist im Bett kein besonders stürmischer Liebhaber. Bei ihm braucht alles seine Zeit. Diese Eigenschaft kommt Frauen sehr entgegen, sie sich nach einem langen Vorspiel sehnen.

Sein Ziel scheint deshalb auch in der Perfektionierung seiner Technik zu liegen. Da seine Ausdauer begrenzt ist, nimmt er sich lieber vorher viel Zeit und erforscht alle nur denkbaren Körperregionen seiner Liebsten. Er kann dabei mit den Händen, mit seinem Mund und seiner Zunge oder sogar mit seinem gesamten Körper vorgehen. Für die Frau, die dieses Geschenk erhält, ist es auf jeden Fall eine Bereicherung. Sie wurde noch nie mit so viel Hingabe und Enthusiasmus verwöhnt. Einige Frauen lassen sich von ihrem Waage-Mann regelmäßig vor dem Geschlechtsverkehr zum Höhepunkt bringen. Er genießt diese Wollust genauso wie sie, die von seinen Küssen nicht genug bekommen kann.

Eine Frau nicht zum Orgasmus zu bringen, gehört für einen in der Waage geborenen Mann zu den schlimmsten Freveln des Sexlebens. Gewöhnlich fragt er sie, ob er die richtigen Stellen berührt und kann darin sogar etwas lästig werden. Allerdings sollte man ihm diese Eigenschaft nicht allzu übel nehmen. Denn er will ja nur das Beste für seine Partnerin.

Kommt es zum eigentlichen Akt, ist er meist schnell fertig. Er sollte sich deshalb darin üben, seinen Orgasmus lange herauszuzögern und seiner Partnerin auch einen gleichzeitigen Orgasmus zu bescheren.

Was Waage und Partner verbindet

Ob es in einer Beziehung Harmonie oder Streit gibt, ist nicht immer nur Sache der Charaktere. Man spricht nicht umsonst vom guten Stern, der über einigen Beziehung steht. Eine Liebe, die ein Leben lang anhält, ist der Wunschtraum vieler Menschen in einer heute sehr schnelllebig gewordenen Zeit. Fast alle sehnen sich danach, im Partner die Person gefunden zu haben, mit der alle Schwierigkeiten im Leben zu meistern sind. Zudem darf eine harmonische Beziehung nie soweit abkühlen, dass sich die Partner auseinander leben. Hier kann ein Blick in das Partnerhoroskop helfen. Eventuelle Spannungen können so früh neutralisiert werden. Denn nur wenn Probleme früh erkannt werden, lassen sie sich schnell und unkompliziert lösen.

Zu einer vollkommenen Liebe gehört eine erfüllte Sexualität. Hält geistige und körperliche Verbundenheit sich die Waage, wird eine Beziehung in der Regel immer unter einem guten Stern stehen. Aber welche Vorlieben hat der Partner im Bett? Das ist eine viel zu selten gestellte Frage, die für einige Paare in der Trennung endet. Das muss nicht so sein.

Je mehr Sie sich mit den Vorlieben Ihrer Partnerin oder ihres Partners beschäftigen, desto erfüllender können die intimen Stunden für Sie beide werden.

Nachfolgende Partnerkonstellationen führen verborgene Wünsche und Abneigungen offen auf, die Ursache für Unlust im Bett sein können. Unterhalten Sie sich darüber mit ihrem Partner. Oftmals wird erst so ein lange gehegter Traum Wirklichkeit. Natürlich ist beim Sex alles erlaubt, was gefällt. Auch wenn Ihre Neigungen nicht genau den hier beschriebenen Praktiken entsprechen, finden Sie viele Anregungen, die das Sexualleben beleben können.

Widder als Partner der Waage

Eine erfolgreiche Ehe ist in dieser Kombination zwar nicht unmöglich aber schwierig. Waagen lassen sich nur schwer erobern – zumindest nicht auf plumpe oder derbe Art. Daran haben Waagen kein Interesse und Widder können sich hier jahrelang die Zähne ausbeissen. Zu schnell ist das Waage-Sternzeichen eingeschnappt und der Widder wird für sie uninteressant. Die natürliche Kraft und der Ehrgeiz des Widders stoßen bei der Waage meist auf Skepsis und Widerstand, manchmal lacht sie sogar über den Widder, der sich immer wieder die Hörner abstößt. Sie kann hier leider nicht anders und muss sich abwenden. Vieles, das den Widder auszeichnet, läuft ihr von vornherein gegen den Strich.

Denn Harmonie und Ausgeglichenheit sind die Schwerpunkte der Waagen. Genau diese Eigenschaften werden sie selten in Widdern wiederfinden. Um hier trotzdem eine funktionierende Partnerschaft aufzubauen, müssen beide ihre innersten Überzeugungen überdenken und sich dem Partner annähern. Nicht selten hilft es, den anderen einfach so zu akzeptieren, wie er ist und sich davon zu verabschieden ihn immer wieder ändern zu müssen. Können sich beide Sternzeichen auf einander verlassen und gewähren sie sich gegenseitig den nötigen Freiraum, wird ihre Beziehung lange gesund bleiben. Haben beide Sternzeichen diese Umgangsweise für sich erkannt, können sich wundervoll innige Beziehungen ergeben, die von gegenseitiger Anerkennung, Respekt und Stolz gekennzeichnet sind.

Das Liebesspiel des Waage-Widder Paares

Waagen zeigen ihre Schönheit. Sie verstehen es, ihre Kleidung so wählen, dass ihre Attraktivität betont wird. Auch die Männer dieses Sternzeichens achten genau auf ihren Aussehen. Denn Waagen haben einen leichten Hang zu Selbstverliebtheit, was hier nicht negativ gemeint ist.

Widder sollten aufpassen, während des Sex nicht zu ungestüm vorzugehen. Packt der Widder zu fest oder zu schnell zu oder versucht er gar die Waage in einer für ihn angenehmen Position zu halten, wird er schnell Missfallen und Unlust ernten. Waagen wollen beim Sex eindeutig mitbestimmen. Sie wünschen es nicht, unsanft behandelt zu werden oder gar während des Sex mit Dirty-Talking belästigt zu werden. Ein solches Verhalten wirkt eher abtörnend auf die harmonieliebenden Waagen.

Wenn der Widder seine eigenen Triebe etwas zurückhalten kann, entfacht er oft in der Waage eine Eigendynamik mit unvorhersehbaren Kräften. Waagen schlafen gerne bis in die Mittagsstunden und können mit Widdern den ganzen Tag im Bett verbringen. Kulinarischen Lüsten geben sie sich genauso gerne hin, wie wundervollen Zungenmassagen. Allerdings müssen die Signale der Waage ganz auf Grün stehen. Ist die Waage einverstanden, kann sie vom Widder auch zu den ungewöhnlichsten Spielarten überredet werden. Allerdings muss sie es sich aus innerster Überzeugung wünschen – sonst merkt der Widder schnell, dass er hier seine Triebe nicht voll ausleben kann und wird unzufrieden.

Stier als Partner der Waage

Geselligkeit steht bei diesem Paar im Vordergrund. Beide sind gerne unter anderen Menschen. Auch Urlaube, in denen sich einige dieser Partner kennen lernen, sind eine wichtiger Bestandteil dieser Konstellation. Hier können sie in gemeinsamen Unternehmungen ihre Zweisamkeit genießen.

Die zweifelnde Waage findet im Stier oft den idealen Partner. Er verkörpert für sie den sicheren Hafen. Hat sie sich für einen Stier entschieden, wird sie nicht mehr zweifeln. Sie kann sicher sein, dass sie gefunden hat, was sie ihr Leben lang gesucht hat. Das erleichtert sie ungemein.

Sollten Waagen allzu wankelmütig bleiben, laufen sie allerdings Gefahr, von Stieren eher abgelehnt zu werden. Das kann auch noch nach längerer Dauer der Beziehung der Fall sein. Stiere sind in der Regel bodenständig und mögen es nicht, wenn ein einmal gefasster Entschluss tausendmal in Frage gestellt und umgekippt wird. Was für Waagen eine normale Lebensart ist, findet der Stier eher nervenaufreibend und unnötig. Genauso kann die Schwerfälligkeit des Stieres die Waage auf die Palme bringen.

Legen beide Sterzeichen etwas von ihren ureigensten Eigenschaften zu Gunsten des gemeinsamen Lebens ab, führen sie in der Regel eine lang anhaltende glückliche Beziehung.

Das Liebesspiel des Waage-Stier Paares

Waagen zeigen beim Liebesspiel gerne ihre warme und zärtliche Seite. Sie können ohne jeden Hintergedanken Stieren immer neue Komplimente machen. Sie wissen natürlich davon, dass Stiere sich gerne als dominante Helden des Geschehens zeigen. Durch ihre ehrliche Bewunderung spornen sie Stiere zur Höchstleistung an. Die gehörnten Wesen werden durch die zärtlichsten aller Zuwendungen entschädigt.

Beide lieben es, wenn sich ihre Körper berühren und sie sehr viel Haut ihres Partners spüren können. Diese pflegen sie gerne gegenseitig mit Ölen und Lotionen. In einer solchen Massage, die von beiden fast wie ein Geschlechtsakt empfunden wird, können sie sich verlieren und die Zeit vergessen. Einige der Paare nutzen deshalb eine Massage als willkommenes Vorspiel, das alle Energien für den Liebesakt aktiviert.

Waagen mögen oft Oralsex. Sie empfinden sehr viel mit ihren Lippen und ihrer Zunge. Gerne legt sich die Waage auch unter den Stier und betrachten den Gesichtsausdruck ihres Partners beim Liebesakt. Diese Spielart gefällt dem Stier, der es direkt und kraftvoll liebt. Er findet in der Waage den idealen Partner für verregnete Wochenenden. Dann wird das Handy abgeschaltet und beide befinden sich in einer Zone, in der sie ungestört nur ihre Zweisamkeit genießen.

Haben sie ein Schwimmbad im eigenen Haus oder gar eine eigene Sauna, verbringen sie ihre Ferien am Liebsten in den eigenen vier Wänden.

Zwillinge als Partner der Waage

In der Wage findet der Zwilling einen wunderbaren Partner. Nicht nur geistig, auch in der körperlichen Liebe findet er hier ein Gegenstück, das er schon lange gesucht hat. Beide können endlose Gespräche führen, die auch nach vielen Jahren nie langweilig werden. Man wird die beiden selten stumm nebeneinander sitzend vorfinden. Sie interessieren sich für einander und zeigen dieses Interesse immer, sobald sie zusammen sind.

Waagen sind in dieser Konstellation die kreative Kraft, Zwillinge unterstützen dieses Potenzial bis zur Höchstleistung. Beide genießen den Erfolg gleichermaßen.

Sie können sich über den Erfolg ihres Liebsten freuen, da sie nicht missgünstig oder gar neidisch auf einander sind. Beide haben auch keinen Hang zur Eifersucht. Das ist die beste Vorraussetzung dafür, dem Partner immer den notwenigen Freiraum zu geben. Man darf sich also nicht wundern, wenn diese Partner manchmal getrennt mit ihren jeweiligen Freunden ausgehen. Sie können getrost Dinge getrennt unternehmen und diese genießen. Finden ihre Wege dann wieder zusammen, haben sie meist Gesprächsstoff für viele Tage.

Hat das Paar Familie, erledigt es die Erziehung der Kinder meist souverän. Beiden genügt ihr Bauchgefühl, um die richtigen Entscheidungen zu treffen. Dazu benötigen sie keine Fachzeitschriften und Bücher.

Das Liebesspiel des Waage-Zwillinge Paares

Zwillinge- und Waage-Geborene sehen ihre Beziehung partner-schaftlich. Sie nehmen viel Rücksicht auf einander. Deshalb wür-de ein Partner nie etwas tun, was dem anderen nicht gefällt. Ist das Paar einige Zeit zusammen, lotet es sehr schnell Gebiete aus, die für beide spannend und erotisch sind. Oft ist es die Vorliebe des einen, die dann auch zur Bereicherung des anderen wird.

Die Abenteuerlust des Zwillings und seine offene und direkte Art sind anziehende Faktoren für einen Waage-Geborenen, der ebenfalls gerne unterschiedliche Techniken ausprobiert. Selten wird ein solches Paar bei den klassischen Stellungen bleiben. Man wird versuchen, die Lust durch Accessoires und fremdlän-dische Liebestechniken zu steigern. Hat das Paar noch nie etwas vom Kreislauf der Energie beim Sex in der Wiegestellung gehört, wird es höchste Zeit: Hier wartet ein wundervolles Gebiet dar-auf, entdeckt zu werden.

Allen sexuellen Stellungen werden die vorgezogen, bei denen es zu größtmöglichem Körperkontakt kommt. Das größte Organ, die menschliche Haut, reagiert bei ihnen im Erregungszustand äußerst sensibel. Falls sie es noch nicht ausprobiert haben, sollten sie sich einmal gegenseitig mit Öl einreiben und auf diese Art zum Höhepunkt kommen. Ein Genuss ganz anderer Art.

Als Geheimtipp gilt die Liebesschaukel, auf der ein Partner Platz nimmt, während der andere ihn, leicht wie eine Feder, bewegen kann.

Krebs als Partner der Waage

Beide Sternzeichen zeigen sich in dieser Kombination nicht von ihrer besten Seite. Der Krebs packt hier seine Scheren aus und zwickt die Waage, welche dieses Verhalten mit kämpferischen Launen erwidert. Nicht selten entscheiden die Partner früh, ob sie auf Dauer mit einander auskommen werden. So ist eine unglückliche Ehe eher die Ausnahme.

Waage und Krebs sollten sich von vornherein vor zu großen Erwartungen an ihren Partner hüten. Sonst schwelt hier bald ein Flächenbrand, der nur noch durch die Trennung gelöscht werden kann.

Übt das Krebs-Waage-Paar hingegen Toleranz und gibt sich gegenseitig genügend Freiraum, können sich die Individuen besser entwickeln. Sie atmen auf und bestreiten ihr Leben selbstbewusst und glücklich. Die Basis einer solchen Beziehung sollte immer das gegenseitige Verständnis für einander sein. Nur dadurch wird das Fundament einer soliden Beziehung gelegt.

Waage-Krebs-Paare durchlaufen gewöhnlich mehr Höhen und Tiefen als andere Konstellationen. Dafür ist ihnen jedoch nie langweilig. Sie können auch noch nach Jahrzehnten die Vorzüge ihres Partners aufzählen.

Das Liebesspiel des Waage-Krebs Paares

Ein Kampf, den im Bett keiner von beiden Partnern gewinnen kann. Denn hier ist Harmonie gefragter als die Kämpfernatur. Wie in der Beziehung, muss Einfühlungsvermögen auch hier an erster Stelle stehen, um beiden einen befriedigenden Ausgang der Situation zu ermöglichen. Lebt ein Partner seinen Egoismus schonungslos aus, während der andere nur selten auf seine Kosten kommt, darf er sich nicht wundern, wenn der andere das Weite sucht – mit Recht.

Fehlt es nicht an gegenseitigem Verständnis, werden hier auch härtere Praktiken ausprobiert und in das gemeinsame Liebesspiel eingebunden. Beide Partner spielen ab und zu gerne den dominanten Part und zwingen den Partner in devote Positionen. Das gegenseitige Vertrauen vorausgesetzt, liebt dann auch der devote Teil seine momentane Situation. Gekonnt, empfängt er nun, was er ein anderes mal auf seine Weise heimzahlen wird. Selten begibt sich einer von beiden dauerhaft in die Rolle des Unterwürfigen. Der Wechsel ist Teil des Spiels und wird gerne ausgelebt, solange der dominante Teil seine Verantwortung nicht missbraucht.

Auch jenseits der SM-Romantik gibt es für dieses Paar viel zu entdecken. Im Bett wird ihnen selten langweilig. Dazu sind sie viel zu unterschiedlich.

Löwe als Partner der Waage

Ein Pärchen, das zu beneiden ist?
Natürlich!
Denn hier werden alle Schlechtwetterperioden mit Optimismus weggewischt. Streitereien – sollte es überhaupt zu diesen kommen – werden meist mit einem lauten Krach erledigt und sind danach vergessen. Eine ideale Verbindung für eine Familie, in der es immer mal wieder zu Meinungsverschiedenheiten kommen kann. Beide Partner verstehen es sehr gut, mit einander zu kommunizieren.

Da Waagen sich sehr gut auf ihren Partner einstellen können, merken sie sofort, dass der Löwe gerne Anerkennung für seine Leistung erhält. Man könnte nun meinen, der Löwe hätte in der Waage seinen Bewunderer gefunden. Waagen werden dem widersprechen. Sie verstehen es perfekt, die Stimmung des Partners für die jeweilige Situation zu nutzen und gestalten so den Alltag mit gleicher Kraft mit.

Das Löwe-Waage-Paar ist meist kreativ und voller Tatendrang. Beide interessieren sich für Kultur und lassen sich gerne treiben. Sie verfolgen ihre Ziele nicht mit Scheuklappen. Wird etwas anderes für gut befunden, wird es ausprobiert und übernommen. Das macht es dem Paar leicht, sich schnell in neuen Situationen zurechtzufinden.

Das Liebesspiel des Waage-Löwe Paares

Die optimistische Grundeinstellung dieses Paares setzt sich auch im Liebesnest fort. Hier beweist sich ein ums andere Mal, dass hier ähnliche Interessen zueinander gefunden haben.

Der Löwe liebt es meist stürmisch und kraftvoll. Jedoch lässt er sich durch die diplomatische Art der Waage auch gerne vom Gegenteil überzeugen. Und so soll es nach einiger Zeit sogar endlos lang kuschelnde Löwen geben. Beide sind jedoch so kreativ im Bett, dass selten Langeweile aufkommt.

Der Löwe gibt in der Regel den Takt an. Er ist es, der die dominante Position einnehmen will. Waagen verstehen es sehr gut, ihren Löwen etwas zappeln zu lassen, bevor er seine ganze Kraft ausspielt. Vorsicht ist jedoch vor Spielchen geboten, die den Löwen lächerlich machen. Dann kann er seine Krallen ausfahren und seiner Natur entsprechend brüllen.

Im Großen und Ganzen verlaufen die Abenteuer dieses Paares im Bett stürmischer als bei anderen Paaren. Waagen verstehen es gut, die Stimmungen ihres Partners zu deuten und in sexuelle Energie umzuwandeln – dann haben beide etwas davon.

Jungfrau als Partner der Waage

Die risikofreudigere und leichtsinnigere Waage trifft hier auf ihren Gegenpol. Nicht selten treffen sich ausgabefreudige Waagen und sparsame Jungfrauen. Sind diese Eigenschaften sehr ausgeprägt, besteht Konfliktpotenzial. Jungfrauen können nämlich die Unbesonnenheit ihrer Waagen nur selten in vollem Umfang akzeptieren. So entzünden sich viele Streitereien dieses Paares am lieben Geld.

Haben beide weniger ausgeprägte Charaktere, kann diese Beziehung Früchte tragen. Allerdings sollte sich die Jungfrau vor übermäßiger Kritik an ihrem Partner hüten. Eine scharfe Zunge erträgt die Waage nur bedingt – obwohl sie als sehr gutmütig gilt. Soll die Beziehung ein leben lang andauern, ist von beiden Toleranz und Selbstbeherrschung gefordert.

Jungfrauen sollten sich besonders davor hüten, im Streitfall zum Rundumschlag auszuholen. Waagen reagieren darauf sehr sensibel: Sie ziehen sich zurück oder werden verbittert, wenn sie ihre Gefühle nicht in genügendem Maße berücksichtigt sehen. Wird diese Form von Achtsamkeit wirklich gelebt, kann hier eine harmonische Beziehung entstehen und dem Glück steht nichts im Weg.

Das Liebesspiel des Waage-Jungfrau Paares

Die unter dem Sternzeichen der Jungfrau geborenen Menschen sind in der Regel etwas kühler und reservierter als die unter dem Sternzeichen der Waage geborenen. Hier mag es zwar Ausnahmen von der Regel geben – jedoch sollten sich Waagen vor allzu schnellem Vorgehen hüten.

Jungfrauen reagieren selten auf offen zur Schau gestellte Reize. Für sie zählt das Raffinierte und Verspielte. Nicht zuletzt ist es auch die Dauer des Vorspiels, das, je länger es anhält, die Jungfrau aus der Reserve lockt. Waagen sind im Vergleich zu ihrem Partner meist schneller bereit, Zärtlichkeiten offen zu zeigen.

Haben beide zueinander gefunden, kann die Waage durch ihre liebevolle Art, die Jungfrau auch zu manchen Spielarten überreden, die sie sich vorher nicht hätte vorstellen können. Und ist die Jungfrau erst einmal erwacht, erfährt die Waage, was es heißt, wenn richtig mit Leib und Seele geliebt wird. In der Jungfrau entfaltet sich dann eine glühende Hitze, die der Waage regelrecht Angst bereiten kann. Ist sie jedoch darauf vorbereitet, werden diese Momente zu den unvergesslichsten ihres Lebens werden.

Waage als Partner der Waage

Hier geht es kultiviert zu. Das Paar genießt die schönen Seiten des Lebens mit vollen Zügen. Solange es keine Geldsorgen gibt, wird alles, was für begehrenswert erachtet wird, begeistert konsumiert. Der graue Alltag bleibt außen vor – und so könnte man meinen, dass wir hier eines der unbekümmertsten Paare des Sternenhimmels betrachten. Da alles Mühselige gerne ausgeklammert wird, müssen beide aufpassen, dass ihr Konsumverhalten nicht im finanziellen Ruin endet.

So wie im Leben, werden auch die Reibungspunkte innerhalb der eigenen Beziehung oft so lange ausgeklammert, bis sie zu unübersehbaren Problemen herangewachsen sind. Das Paar schafft es aber, durch seine optimistische Einstellung diesem Problem die Stirn zu bieten.

Die Partner vom gleichen Stern sind denn auch ausgiebige Träumer. Sind sie richtig verliebt, existiert für sie meist keine Außenwelt mehr. Sie leben im Moment, lassen sich treiben und genießen die schöne Zeit. Läuft es einmal nicht so, erwachen sie unsanft und beseitigen das Hindernis, um sich daraufhin wieder den angenehmen Seiten des Lebens zuzuwenden.

Das Liebesspiel des Waage-Waage Paares

Es besteht die Gefahr, dass hier einiges, was früher erregend war, auf Dauer langweilig wird. Das Paar muss während einer längeren Beziehung dauerhaft daran arbeiten, gewohnte und dadurch monotone Handlungsweisen zu ändern, um mehr Feuer in ihr Liebesleben zu bringen.

Der Liebesakt selbst gestaltet sich als zärtlich. Beide lieben es, sich ausgiebig zu verwöhnen. Angenehm duftende Öle und Gels werden mit in das Liebesspiel einbezogen. Die Körper werden mit den Händen und mit dem Mund erforscht. Der Höhepunkt selbst kann dadurch fast in den Hintergrund geraten – zum Vorteil der Waage-Frau, die in dieser Beziehung wundervolle Erlebnisse haben kann, da der Waage-Mann sie so gut wie nie unbefriedigt zurück lässt.

Auch im Bett lieben beide den Luxus. Ein guter Wein auf dem Nachttisch und der neueste Flatscreen im Schlafzimmer sind nur einige Details, die den beiden Freude bereiten.

Skorpion als Partner der Waage

Um die Waage-Skorpion-Verbindung beurteilen zu können, muss man beide Partner genauer betrachten. Sind die negativen Eigenschaften beider sehr ausgeprägt, wird eine solche Beziehung kaum mehr als ein paar Monate dauern. Anfangs schwelgt das Paar im Luxus der Gefühle. Kritiker werden ausgebuht und nicht selten gibt es dann erst nach dem Absetzen der rosaroten Brille das bittere Erwachen.

Gehen beide Partner allerdings auf einander zu und können Verständnis für die Gegenseite aufbringen, kann eine spannungsvolle Harmonie zwischen beiden entstehen. Skorpione sollten sich davor hüten, die Beziehung zu oft zu hinterfragen oder immer wieder zu kritisieren. Waagen lehnen das von Grund auf ab – denn sonst hätten sie sich ja gleich für einen anderen Partner entschieden.

Der unterschiedliche emotionale Charakter beider Sternzeichen kann die Beziehung aber auch sehr bereichern. Dann kommt nie Langeweile auf und positive Aktivität steht bei beiden im Vordergrund.

Das Liebesspiel des Waage-Skorpion Paares

Für beide, Waage und Skorpion, ist die körperliche Liebe Bedingung für eine gute Beziehung. Will es im Bett nicht klappen, kann die Verbindung komplett in Frage gestellt werden. So entscheidet sich meist schon während der ersten Wochen, ob mehr daraus wird.

Liegen die Interessen beim Liebesspiel jedoch auf gleicher Ebene, wird Sex das verbindende Element zwischen den Partnern. Die körperliche Liebe kann Wunden heilen und zur Förderung der Harmonie beitragen. Die so genannte Versöhnung im Bett kann hier kaum kritisiert werden. Denn das Paar versteht es kurz vor oder nach dem Akt noch schnell Probleme beiseite zu schieben, wozu es in einer anderen Situation kaum in der Lage wäre.

Skorpione sollten sich jedoch vor zuviel Eifersucht hüten. Meistens sind die Zweifel unbegründet. Waagen sind zwar dem Flirten nicht abgeneigt, jedoch würden sie für eine Affäre kaum eine gute Beziehung aufs Spiel setzen.

Schütze als Partner der Waage

Ein Paar, das sich nie langweilen wird!
Gibt es bei anderen Verbindungen Zweifel, stehen in dieser Konstellation alle Zeichen von Anfang an auf Grün. Beide verstehen sich schon zu Beginn so gut, dass sie kaum aus dem Lachen herauskommen. Humor ist auch für die weitere Dauer der Beziehung ein wunderbares Mittel, Konflikte leicht zu lösen.
Schützen sind selbstbewusst genug, um ihre Waagen auch beim Flirten zu beobachten. Sie sind nicht eifersüchtig und machen deshalb noch lange keine Szene. Waagen ihrerseits würden auch nie so über die Strenge schlagen, dass sie damit ihren Partner verletzen. Der abenteuerlustige Schütze findet in der Waage einen Partner, der die Leichtigkeit des Lebens teilt. Selten verspüren die beiden Schwermut während ihrer gemeinsamen Zeit. Waagen sollten sich allerdings etwas davor hüten, ihren Schützen vor den Freunden aufzuziehen. Einige Schützen mögen das nicht besonders.
Es ist positiv, dass es in dieser Verbindung kaum langatmige Diskussionen über den Sinn der eigenen Beziehung gibt. Man mag sich einfach. So simpel kann es manchmal eben auch sein.

Das Liebesspiel des Waage-Schütze Paares

Die Fähigkeit der Waage, sich in ihren Schützen einzufühlen, ist in dieser Konstellation besonders ausgeprägt. Sie weiß in der Regel schnell, was ihm gefällt und nutzt dieses Wissen dafür, ihm die Wünsche von den Lippen abzulesen.

Der Schütze ist nicht ganz so einfühlsam. Er liebt das kreative Spiel der Körper. Da die Waage sehr wandlungsfähig ist, können wundervolle Spiele zwischen beiden entstehen. Sie haben dann weniger mit Dominanz und Unterwerfung zu tun, als mit dem Wechsel der Rollen. Mal ist er der feminine Part und lässt sich bis zum Höhepunkt verwöhnen, dann ist sie wieder die Genießerin und er gibt alles, um ihr den höchsten Glücksmoment zu bescheren. Der gleichzeitige Orgasmus ist hier nicht so wichtig. Hauptsache ist, dass jeder danach glücklich ist.

Durch ihre Natürlichkeit haben sie es nie schwer, zueinander zu finden. Sendet der eine Signale der Lust aus, wird der andere seine Wünsche bald registrieren.

Steinbock als Partner der Waage

Wenn Waagen etwas am Steinbock lieben, dann meist seinen Körper und seinen Geschäftssinn. Ehrgeizig bahnt sich der Steinbock seinen Weg durchs Leben. Dass dabei die Gefühle und die Liebe manchmal zu kurz kommen, kann vorkommen. Vom Steinbock ist das aber nicht böse gemeint – hat er sein Ziel vor Augen, wird er nicht mehr vom Weg abzubringen sein. Das kann die Waage stören, die ihren Blick weit schweifen lässt. Hat sie ein Ziel gefasst, ist es meist nicht das einzige. Sie ist in der Regel immer dazu bereit, ihre Meinung aus wichtigen Gründen zu ändern.

Diese Differenzen bergen einigen Stoff für Konflikte aller Art. Nicht selten wird die Waage dem Steinbock sein Scheuklappendenken vorwerfen. Und umgekehrt muss sich die Waage gefallen lassen, für ihre flatterhafte Lebenseinstellung getadelt zu werden.

Wenn das Paar wirklich auf Dauer zusammen bleiben will, muss es vor allem Toleranz üben. Hat der Partner immer genug Freiraum und sieht sich auch in der Lebensgestaltung nicht zurückgesetzt, kann diese Verbindung Zukunft haben. Ein einfaches Vorhaben ist dieser Versuch allerdings nicht.

Das Liebesspiel des Waage-Steinbock Paares

Der recht abgeklärte Steinbock findet in der Waage zwar einen recht wandlungsfähigen Partner, jedoch sind ihm seine Berührungen meist zu sanft. Er kann Gefühle nicht so gut zeigen und hält sich lieber an handfeste Berührungen.

Die Fähigkeit der Waage, in die Seele ihres Steinbocks zu sehen, kann jedoch Wunder bewirken. Im Bett will der Steinbock dominieren. Er hat sein Ziel vor Augen. Aber die Waage wird auf ihre Kosten kommen. Sie versteht es recht gut, seine Energie in die richtigen Bahnen zu lenken – zu ihren Gunsten.

Romantische Abende werden beide eher selten erleben. Dafür können sich recht heiße, auch härtere Spiele ergeben, bei denen die Waage meist die devote Rolle übernehmen will. Fühlt der Steinbock sich zum Meister erhoben, kann er eine Kraft und Ausdauer zeigen, vor der selbst eine abgebrühte Waage erschrecken kann. Der Steinbock sollte sich allerdings vor zu kräftigem Zupacken hüten – Waagen reagieren sehr sensibel. Fühlen sie sich in einer Sexualpraktik nicht richtig geliebt, verlieren sie oft das Interesse. Das Geheimnis liegt hier in der Abwechslung.

Wassermann als Partner der Waage

Seelische und körperliche Liebe sind in dieser Konstellation gleich gewichtet. Das eine kommt ohne das andere nicht aus, sondern ist gesunde Ergänzung. Der Wassermann, ganz und gar mutiger Abenteurer, findet im Waage-Partner einen wunderbaren Freund, mit dem er Pferde stehlen kann. Die beiden reisen gerne und sind neugierig auf fremde Kulturen. Sie lieben exotische Speisen und sind allen Formen der Kultur geistig aufgeschlossen. So sind sie bei ihren Gästen sehr gern gesehene Gäste, die immer eine Geschichte parat haben. Ihre Freunde schätzen sie zudem wegen ihrem Einfluss. Denn fast immer engagieren sie sich öffentlich, z.B. in Politik, Vereinen oder Ehrenämtern. Zudem besitzen sie eine künstlerisch-kreative Aura, die einige von ihnen bis zur Profession treiben. Man kann dann nicht so ganz unterscheiden, was nun die Kunst ist – das Kunstwerk, das sie geschaffen haben oder gar sie als Künstler selbst.

Wo so viel Positives herrscht, muss man schon das Negative mit der Lupe suchen. Ein Punkt sticht aber hervor: Beide sollten auf ihr Geld achten. Zu schnell sind die mühsam verdienten Gehälter aufgebraucht und keiner weiß, wo das Geld geblieben ist.

Das Liebesspiel des Waage-Wassermann Paares

Die glänzende Harmonie des Wassermann-Waage-Paares setzt sich in der körperlichen Liebe ohne Abstriche fort. Beide können gut in den Körper des Partners hinein fühlen. Sie spüren seine Bedürfnisse und Abneigungen, ohne dass sie dafür lange Gespräche führen müssten.

Am Wochenende bleiben sie gerne lange im Bett. Was dort passiert entspringt der Kreativität beider Sternbilder. Dem Wassermann wird gerne die Führung überlassen und er gibt die Richtung vor. Er schätzt die sensible und zärtliche Art der Waage, die ihn mit sanften Berührungen bis zur Besinnungslosigkeit erregen kann.

Das sollten sie ihren besten Freunden jedoch nicht anvertrauen. Denn es könnte sonst deren Neid entfachen. Sie wissen ja selbst am Besten, welchen Glücksgriff Sie gemacht haben. Dafür benötigen Sie nicht die Zustimmung ihrer Freunde.

Ist das Paar einmal zusammen, wünscht es sich schnell Ehe und Kinder. Denn in dieser Konstellation sprechen beide Partner immer davon, endlich den gefunden zu haben, den sie sich schon immer gewünscht haben. Man kann ihnen nur noch ein langes und gesundes Leben wünschen. Der Rest regelt sich von alleine.

Fische als Partner der Waage

Die Waage-Fische-Verbindung vereint zwei unterschiedliche Charaktere, die sich eigentlich recht ähnlich sind. Gemeinsamkeiten ziehen an.

In der glühenden Liebe der Anfangszeit vergessen beide den Alltag und alles scheint zu passen. Leider tun sie sich später oft schwerer, mit Konflikten innerhalb ihrer Beziehung umzugehen. Beide suchen Harmonie mehr als alles andere.

Nicht selten geben sie einen Job auf, in dem sie sich nicht so richtig glücklich fühlen. Sie wissen intuitiv, was ihnen gut tut. Leider vergessen sie – aufgrund der Zufriedenheit mit ihrer Lebenssituation – ab und zu ihren Partner, der sich dann naturgemäß vernachlässigt fühlt.

Dem Paar wäre zu empfehlen, die Aufmerksamkeit weniger auf das eigene Glück, sondern auf das „gemeinsame Glück" zu richten. Spannungen können so vermieden werden und beide finden bestimmt genügend Schnittmengen.

Fische und Waagen reagieren sehr sensible auf äußere Einflüsse. Das macht sie verletzlich und angreifbar. Sie sollte deshalb ihre Geheimnisse nur guten Freunden anvertrauen. Sonst könnten sie aus unvermuteter Richtung Gegenwind erhalten. Denn nicht jeder gönnt ihnen ihr Glück.

Das Liebesspiel des Waage-Fische Paares

Der Fisch liebt Geborgenheit und endlose Zärtlichkeit – aber nur dann, wenn er will. Denn im Herzen behält er sich seinen gesunden Freiheitsdrang. Waagen haben damit ihre Schwierigkeiten. Sie verfügen zwar über die Fähigkeit, sich schnell unterschiedlichen Situationen anzupassen, allerdings ist das Loslassen des Partners etwas, dass ihnen nicht so leicht fällt.

Beide sollten mit ihren Gefühlen ehrlich zueinander sein, um auch das Sexleben gesund zu halten. Fische sind beim Sex nicht so aktiv wie Waagen. Sie lieben auch keine Extreme. Damit die Waage mit ihrer kreativen Art doch ihren Spaß hat, muss sie behutsam und rücksichtsvoll vorgehen. Ein stürmischer Angriff erschreckt den Fisch und er zieht sich zurück. Für den Fisch ist Sex immer etwas Geheimnisvolles. Er vollzieht ihn nicht nur aufgrund der wünschenswerten körperlichen Befriedigung. Körperliche Liebe hat für ihn immer etwas mit der geistigen Liebe und der Gesamtsituation zu tun. Ist er im Stress oder hat belastende Gedanken im Kopf, hat er keine besondere Lust. Kann die Waage Seine Probleme nachvollziehen und mit ihm darüber sprechen, ist das die beste Vorraussetzungen für gelösten Sex und die Libido steigt merklich an.

Der Jahresrhythmus der Sternzeichen

Wie beim bekannten Biorhythmus gibt es auch in der Liebe zeitweise Höhen und Tiefen. In der Partnerschaft kann es deshalb zu Hochgefühlen und Konflikten kommen, die persönlich schwer beeinflusst werden können. Manchmal denken wir, dass wir schon morgens mit dem falschen Fuß aufgestanden sind, an anderen Tagen fühlen wir uns energiegeladen und uns gelingt alles, was wir uns für diesen Tag vorgenommen haben. Wenn es uns gelingt, die innere Uhr abzulesen, die von unserem Sternzeichen beeinflusst wird, haben wir die Möglichkeit, unser Leben positiv zu beeinflussen. Nicht immer ist es vorteilhaft, sich mit aller Kraft einer inneren Stimmung entgegen zu stemmen. Wenn wir die Ursache jedoch kennen, können wir auch mit unseren Schwächen behutsamer umgehen und sie lieben lernen.

Wir sind eine Einheit aus Geist und Körper. Wenn etwas aus dem Gleichgewicht gerät und eine Seite elementar vernachlässigt wird, hat das oft gesundheitliche Probleme zur Folge. Um dieser Gefahr vorzubeugen, genügt es, seine innere Stimme lesen zu lernen um seine Reserven besser abschätzen zu können.

Die folgenden Diagramme helfen dabei, unbewusste Schwächen und Höhen des Sternzeichens im Jahresverlauf zu erkennen – auch wenn sie zum jeweiligen Zeitpunkt vielleicht nicht offensichtlich sind. Ist eine Kurve im Tal, bedeutet das nicht, dass es zur Zeit unmöglich ist, gewisse Dinge trotzdem in Angriff zu nehmen. Im Gegenteil: Es sollte Motivation geben, die zur Zeit vernachlässigten Bereiche in Eigeninitiative zum Positiven zu wenden.

Die Sterne beeinflussen zwar unser Leben, jedoch können wir eigene Richtungen und Impulse setzen, die auch in scheinbar negativen Konstellationen zu Erfolg und Glück führen können.

Libido

Diese Kurve zeigt unsere unbewusste sexuelle Energie an. Zeiten sexueller Aktivität und Kraft wechseln mit scheinbar lustlosen Momenten. In Zeiten der Hochphasen, spüren wir die sexuelle Anziehungskraft des Partners besonders stark. Wir begehren und wünschen uns begehrt zu werden. Schläft die Libido zeitweise ein, ist es an der Zeit, das Feuer neu zu entfachen.

Körper

Der eigene Körper gerät in dieser schnelllebigen Zeit oft in Vergessenheit. Oft spüren wir ihn erst, wenn er Warnsignale aussendet. Manchmal ist es dann schon zu spät, ihm wieder Erholung zu verschaffen. In Zeiten der Kraftlosigkeit empfiehlt sich Sport, Wellness und die Beschäftigung mit dem eigenen Körper.

Geist

Im Berufsleben beanspruchen wir ihn oft so stark, dass wir zu Hause nur noch unsere Ruhe haben wollen. Stress ist Gift für unsere Seele. Er wirkt sich negativ auf unsere Gesundheit aus. Viele Menschen gönnen sich zu wenig Zeit für sich selbst. Meditation und Entspannungstechniken helfen uns dabei, Krisensituationen zu meistern und wieder Energie zu tanken.

Liebe

Liebe bedeutet hier, dem Partner Aufmerksamkeit zu schenken, und ihm zuzuhören. Niemand steht seinem Partner näher als Sie selbst. Es liegt an Ihnen, Situationen zu wundervollen Momenten zu verwandeln. In diesen vertrauensvollen Phasen spüren sie das innere Band, das sie verbindet.

Waage-Frau

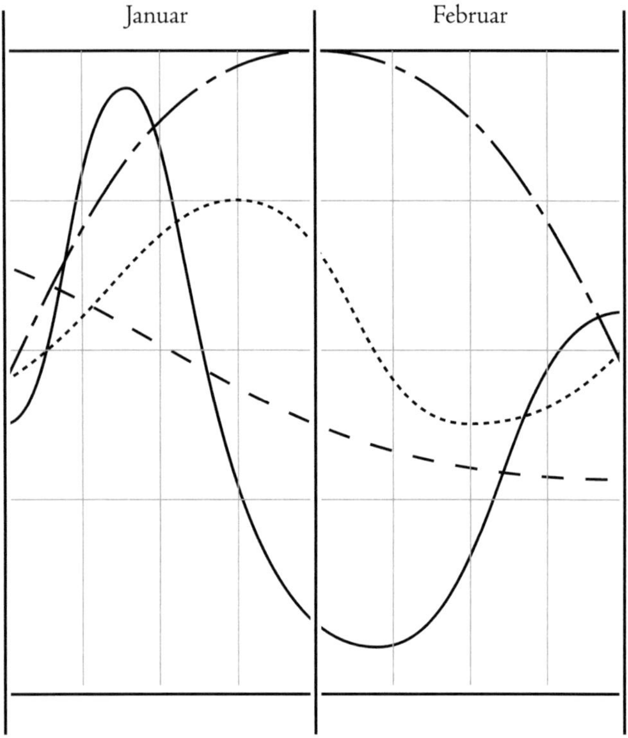

Januar	Februar

—————— Libido
– – – – – Körper
—·——·— Geist
············· Liebe

Waage-Frau

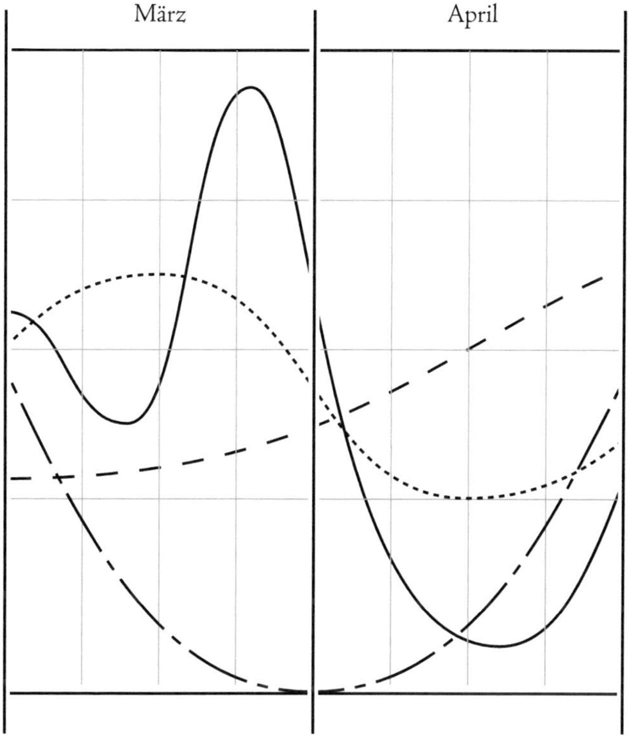

März	April

——————— Libido
– – – – – Körper
—·——·· Geist
···················· Liebe

Waage-Frau

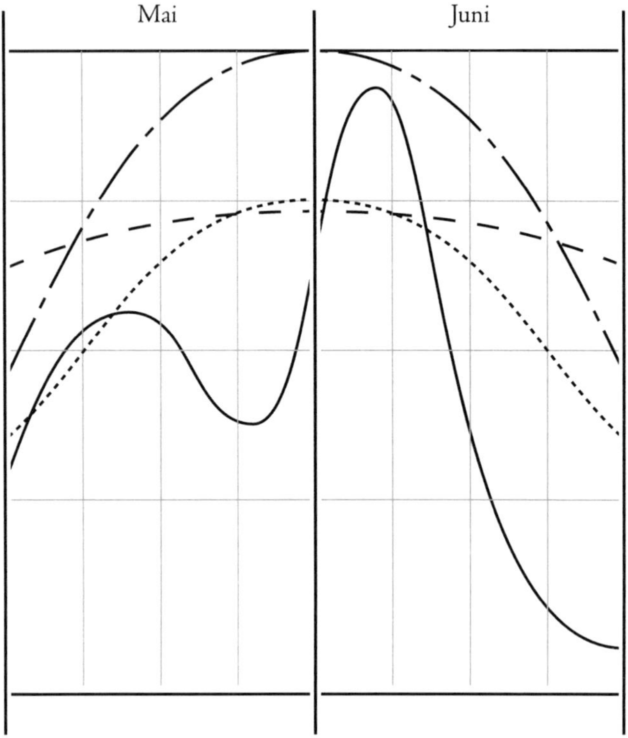

Mai	Juni

———— Libido
– – – – Körper
—·—·— Geist
················· Liebe

Waage-Frau

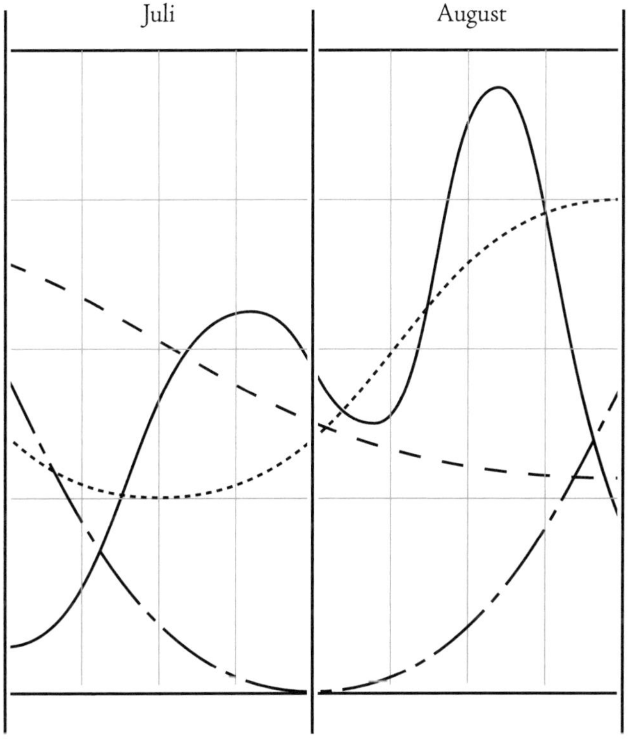

Juli	August

_____ Libido

‐ ‐ ‐ ‐ ‐ Körper

—·—·—·· Geist

···················· Liebe

Waage-Frau

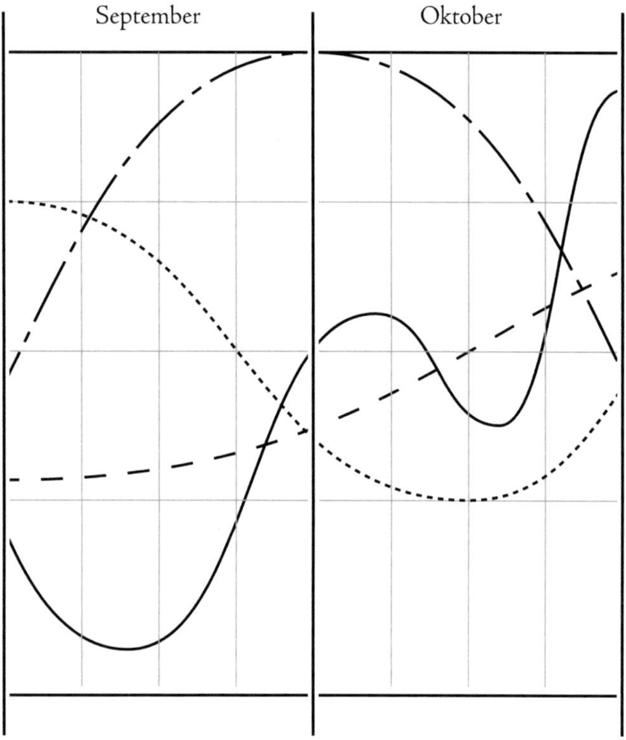

September	Oktober

—————— Libido
– – – – – Körper
—·—·—· Geist
················ Liebe

Waage-Frau

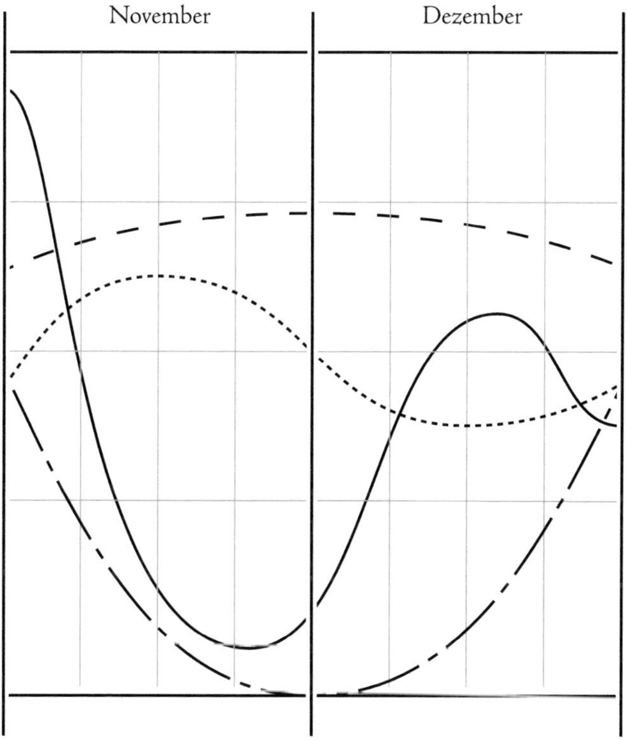

| November | Dezember |

———— Libido

– – – – Körper

—·—·· Geist

·············· Liebe

47

Waage-Mann

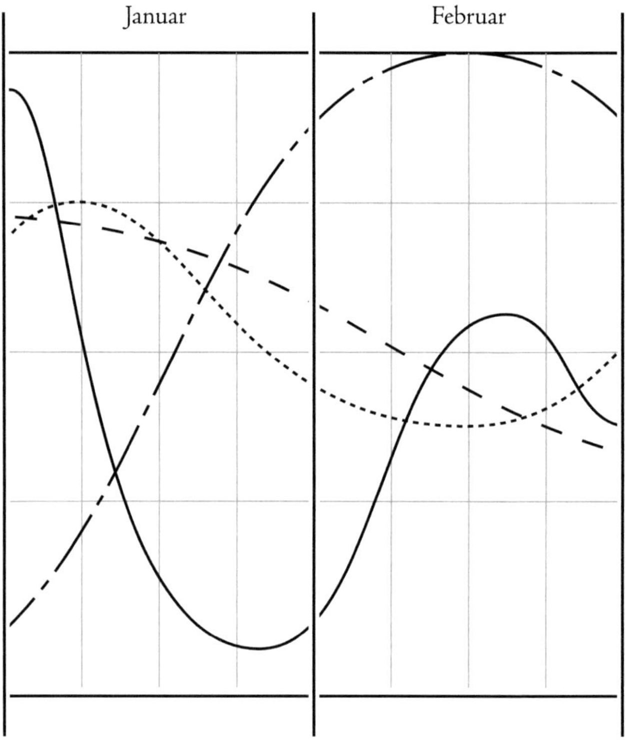

Januar	Februar

_____ Libido

- - - - - Körper

—·—·— Geist

·················· Liebe

Waage-Mann

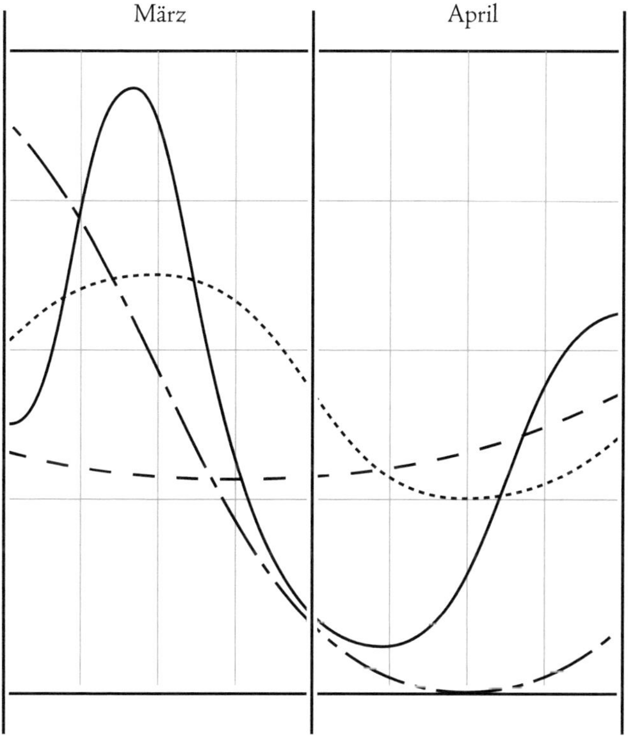

	März	April

———— Libido
– – – – Körper
—·—·— Geist
················· Liebe

Waage-Mann

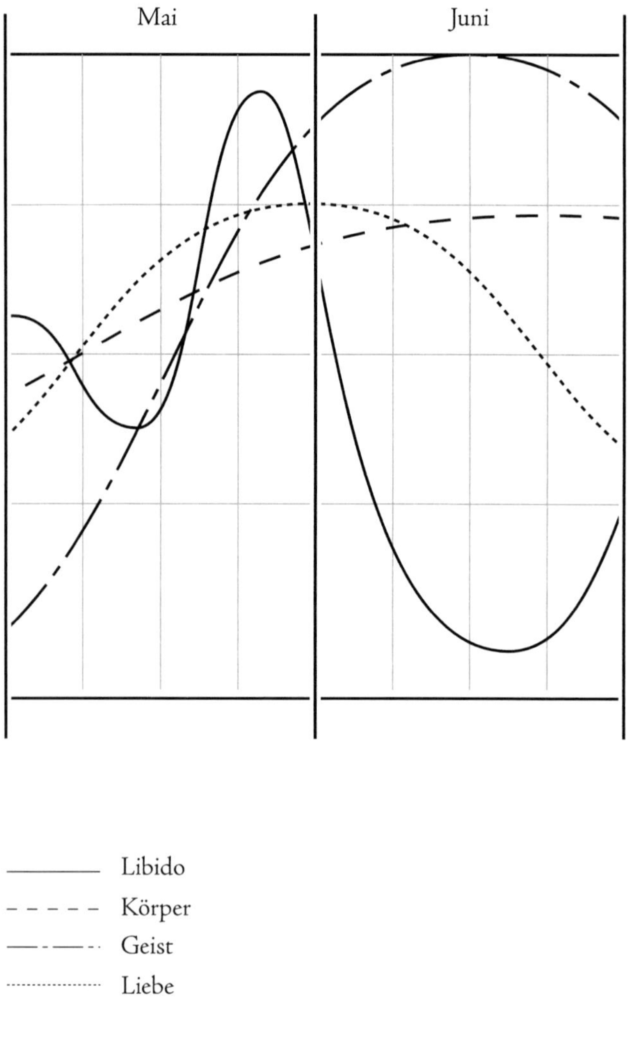

Mai	Juni

——————— Libido
– – – – – Körper
—·—·—·· Geist
·················· Liebe

Waage-Mann

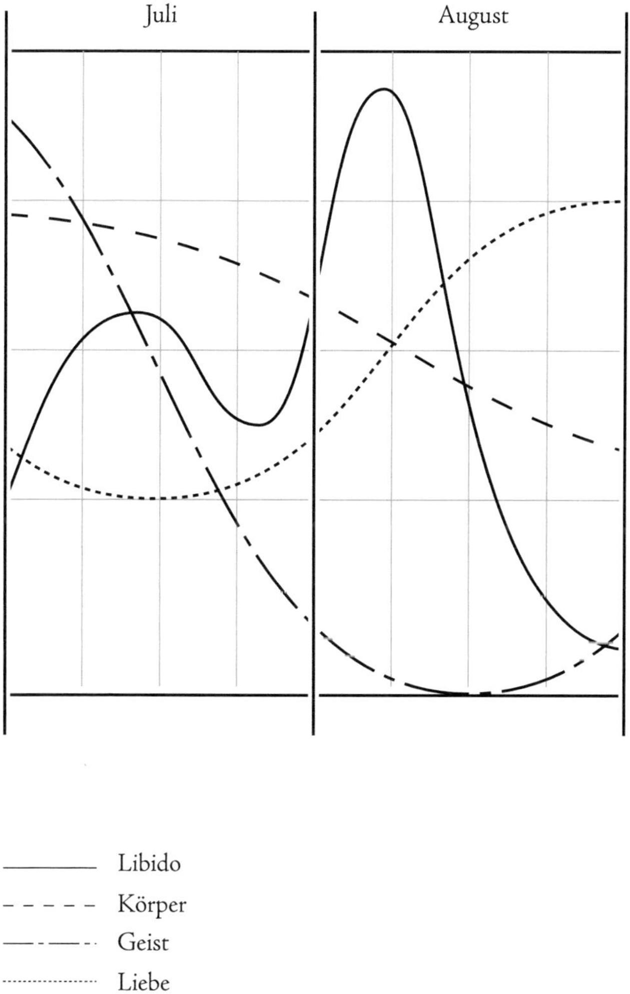

Juli	August

——————— Libido
– – – – – Körper
—·—·—·· Geist
·················· Liebe

Waage-Mann

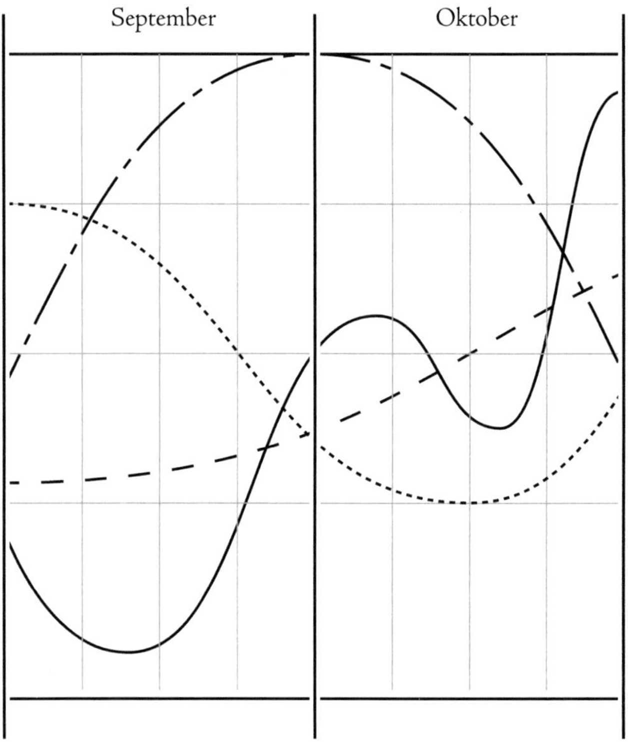

September	Oktober

_____ Libido

– – – – – Körper

—·—·— Geist

················ Liebe

Waage-Mann

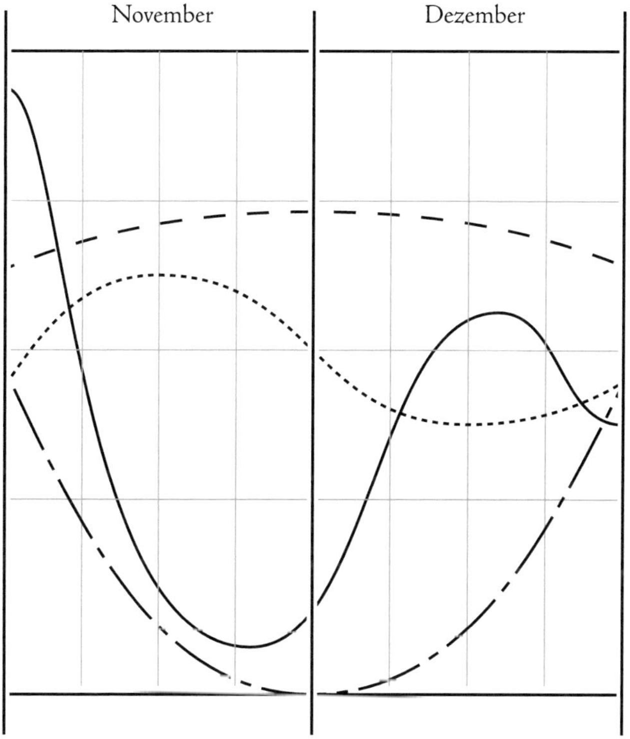

November	Dezember

_____ Libido

– – – – – Körper

— · — · — Geist

·············· Liebe

Literatur zu Sternzeichen und Astrologie

Hermann Meyer
Das Grundlagenwerk der psychologischen Astrologie: Erkenne
Deine Licht- und Schattenseiten und die Deiner Mitmenschen

Frances Sakoian, Louis S. Acker
Das grosse Lehrbuch der Astrologie: Wie man Horoskope stellt
und nach neuesten wissenschaftlichen Erkenntnissen Charakter
und Schicksal deutet

Hermann Meyer
Astrologie und Psychologie: Eine neue Synthese

Christopher A. Weidner, Sabine Bends
Intuitive Astrologie: Nutzen Sie Ihr inneres Wissen für tiefe
Einsichten über sich selbst

Frank Felber
Wiederkehrhoroskope: Der Schlüssel zu verborgenen Zyklen

Ingrid Zinnel
Familienkonstellationen im Horoskop: Verstrickungen und
Lösungen aus astrologischer Sicht

Literatur zu Entspannung und Sexualität

Jan Aalstedt
Der multiple Orgasmus des Mannes. So kommen Sie nicht
mehr zu früh und können mehrere Höhepunkte erleben.

Ludwig Reichenbach
Endlich mit Frauen flirten: Wie Sie lernen, Schüchternheit und
Angst vor dem Flirten mit einfachen Übungen erfolgreich selbst
zu überwinden

Ludwig Reichenbach
Endlich mit Männern flirten: Wie Sie lernen, Schüchternheit
und Angst vor dem Flirten mit einfachen Übungen erfolgreich
selbst zu überwinden

Lou Paget
Der perfekte Liebhaber: Sextechniken, die sie verrückt machen

Lou Paget
Die perfekte Liebhaberin: Sextechniken, die sie verrückt machen

Lou Paget
Der Super-Orgasmus: Höhepunkte zum Abheben

Jon Kabat-Zinn
Gesund durch Meditation: Das große Buch der Selbstheilung

David Servan-Schreiber
Die Neue Medizin der Emotionen: Stress, Angst, Depression:
Gesund werden ohne Medikamente

.